Francisco Caruso. *Futuro No. I*, óleo sobre tela,
30 × 40 cm, 2004.

51 quartetos sobre o amor escolhidos pelo autor

51 quartetos sobre o amor escolhidos pelo autor

Francisco Caruso

Copyright © 2023 Francisco Caruso
1ª Edição
Direção Editorial: José Roberto Marinho
Projeto gráfico e diagramação: Francisco Caruso
Capa: Fabrício Ribeiro

Texto em conformidade com as novas regras ortográficas do Acordo da Língua Portuguesa.

Dados Internacionais de Catalogação na Publicação (CIP)
(Câmara Brasileira do Livro, SP, Brasil)

Caruso, Francisco
51 quartetos sobre o amor escolhidos pelo autor / Francisco Caruso. – São Paulo: Livraria da Física, 2023.

ISBN 978-65-5563-381-8

1. Poesia brasileira I. Título.

23-174395 CDD-B869.1

Índices para catálogo sistemático:
1. Poesia: Literatura brasileira B869.1
ISBN 978-65-5563-381-8
Eliane de Freitas Leite - Bibliotecária - CRB 8/8415

Todos os direitos reservados. Nenhuma parte desta obra poderá ser reproduzida sejam quais forem os meios empregados sem a permissão da Editora. Aos infratores aplicam-se as sanções previstas nos artigos 102, 104, 106 e 107 da Lei n. 9.610, de 19 de fevereiro de 1998.

Impresso no Brasil
Printed in Brazil
Editora Livraria da Física
Tel./Fax: +55 11 3459-4327 / 3936-3413
www.livrariadafisica.com.br
www.lfeditorial.com.br

Sumário

Apresentação	xiii
Suas curvas	1
Aluvião	3
Chegada e partida	5
Aurora	7
Amar	9
Do Amor	11
Só o amor	13
Luta íntima	15
Tons	17
Ventania	19

A mágica	21
Densa mata	23
Encantamento	25
Entrelace	27
Eternidade	29
Frustração	31
Lágrima de amor	33
O passar do tempo	35
Sem título	37
Terra e céu	39
Tua geografia	41
Tua lágrima	43
Inspiração	45
Minha musa	47
Norte	49
Preencha-me	51
Tua libido	53

Abrigo	**55**
Ao despir-te	**57**
Esperança	**59**
Vens	**61**
Alvorada	**63**
Assim te quero	**65**
Tua casa	**67**
Infinitos	**69**
A procura	**71**
Promessa	**73**
O vento	**75**
O sofrer do poeta	**77**
A quem ama	**79**
Gaiola	**81**
Amor irrestrito	**83**
Amor verdadeiro	**85**
Aprecio	**87**

Concreto	**89**
Era deserto	**91**
Paisagem	**93**
Poesia e amor	**95**
Semente	**97**
Sons do amor	**99**
Sons d'alma	**101**
Do autor	**105**

Apresentação

omecei a escrever poemas com frequência a partir de janeiro de 2021. O *Amor* foi o tema escolhido. Até então, sempre havia escrito como modo de organizar meu pensamento a partir da razão. Foi na poesia que, pela primeira vez, recorri à escrita como instrumento para ordenar e compreender minhas emoções, com a esperança de conseguir destilá-las, por meio da literatura, em uma busca alquímica do espírito.

Como aprendiz intuitivo, comecei a explorar livremente várias formas, em busca de me identificar com alguma, antes de qualquer estudo formal sobre a poética. O resultado me surpreendeu. De lá para cá, publiquei 11 livros de poemas e participei de 1 antologia sobre o amor, todos pela Livraria da Física.

Vejo o quarteto como uma forma de expressão, ao mesmo tempo, atraente e desafiadora, mas pelo mesmo motivo: sua forma concisa. Por um lado, este formato impõe limitações espaciais e semânticas, de sonoridade e de rima, as quais precisam ser contornadas para, com poucas palavras, tocar o coração do leitor; por outro, se molda com a navalha de

Ockham: *Frustra fit per plura quod potest fieri per pauciora*, o que muito me atrai, talvez guiado pela minha formação científica e filosófica. Desafio aceito!

Desse jeito, e com tal motivação, acabei redigindo mais de 160 quartetos, a maioria publicada nos 5 volumes dos ***Quartetos de amor***. No momento, tem sido a forma com a qual tento me expressar sobre este tema. Motivado por essa preferência, decidi coligir alguns dos meus quartetos preferidos, com a esperança de escapar da crítica dos leitores, principalmente, daqueles que conhecem todos os livros originais.

Mais uma vez, agradeço a todos que têm me incentivado e apoiado até aqui; em especial, aos queridos amigos Alessandra Balbi, Mirian de Carvalho, José Alexandre da Silva e Amós Troper. Sou também grato ao amigo e editor José Roberto Marinho, da LF Editorial, por acreditar nesse aprendiz de poeta.

Francisco Caruso
Rio de Janeiro, 29 de setembro de 2023.

Suas curvas

esejo demais seu belo corpo de tez alva.
Procuro, ávido, onde se esconde seu prazer.
Me perco nas suas curvas sem perceber.
Enfim, me encontro inteiro em su'alma.

Aluvião

ua mágoa, de imenso alcance,
tal qual água revolta de aluvião,
arrastou qualquer nova chance
de retravo desse indócil coração.

Chegada e partida

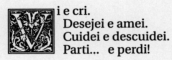i e cri.
Desejei e amei.
Cuidei e descuidei.
Parti... e perdi!

Aurora

uanto à beleza do céu e suas nuances de cor
de há muito prefiro o crepúsculo ao amanhecer.
Quanto ao Amor, entretanto, almejo com fervor
a aurora e com ela, na vida, um reamanhecer.

Amar

onfrontar realidade e sonhar,
os tabus e receios esquecer
e a plenitude a dois colher
nada mais é do que amar.

Do Amor

 Amor é indiferente ao sofrimento e à razão;
das coisas do coração, um nocente anfitrião.
Nele, tantos fingem não ver, o tempo é eterno,
para os amantes, liricamente sofrível, hodierno.

Só o amor

Homenagem a Anaïs Nin

 amizade me completa
a beleza me encanta
o sexo me incendeia
mas só o amor me ilumina.

Luta íntima

ecorda-te com afeição da tua amante.
Brada tua paixão por ela um dia flamante.
Evoca para ti finalmente teu ardente amor.
Lembra-te de lutar não por ela mas pelo Amor!

Tons

Homenagem a Ovídio

s cálidos tons terrosos do teu corpo me evocam
o desmedido solo fértil do amor e da paixão,
tu'alva tez, a paz a dois vivida, nossa inspiração,
mas tuas porções róseas, essas me alucinam.

Ventania

ua ardorosa volúpia sopra como ventania
sobre meu coração, ora tua capitania.
Teu prazer, feito meu, abrilhanta o dia
e a calmaria me entristece e me entedia.

A mágica

olho paixão da suave superfície da tua pele
terreno fértil e úmido para o sexo e o amor
alentados pelo tesão dos corpos em tremor
e tudo isso a tanto desejar-te me compele.

Densa mata

Amor não é senão uma densa mata
povoada de duendes, sacis e fadas,
a preservar toda a história humana.
Vencido o medo, vale ser explorada.

Encantamento

ontemplo tua bela silhueta desnuda,
provo tua pele e teu corpo aprecio.
Desejo o pleno do teu íntimo,
mas é tu'alma que m'encanta.

Entrelace

om seus lábios sensuais me beija
com pernas torneadas me enlaça
com doce abraço me deseja
e a teia do amor me entrelaça.

Eternidade

 inatingível e sonhada eternidade,
acredite, é uma real consequência
do Amor, o qual, avesso à saudade,
nos faz dele inferir a transcendência.

Frustração

 frustração do devaneio do Amor
quando se instaura no coração
retalha feito faca afiada na dor
e suspende d'alma a respiração.

Lágrima de amor

ão és mero fluido capaz de ser contido,
pois ele em ti excede, hei de concordar.
És todo o amor do mundo incontido;
és a lágrima prestes a transbordar.

O passar do tempo

o passado, eras alternativa à dor,
no presente, utopia de felicidade,
no futuro, certeza de cumplicidade,
enquanto, na eternidade, meu amor.

Sem título

ua paixão habita em mim
teu ardor minha pele queima
teu tesão meu corpo dizima
teu amor minh'alma adoça, enfim.

Terra e céu

eu corpo, minha terra morena,
tu'alma, meu transparente céu,
tua lágrima, dos meus olhos o véu.
O resto ao degredo me condena.

Tua geografia

inda não aprendi a decifrar
da tua mente a cartografia,
mas já me delicio com tua geografia
e nela, a cada dia, quero me instalar.

Tua lágrima

 enlace carnal teus devaneios secretos desperta
e percebo na ponta dos dedos aflorar teu enlevo.
Do amor que teu peito inunda e tanto o aperta
brota uma lágrima; a enxugá-la não me atrevo.

Inspiração

eu prazer, inspiração do meu fazer,
tanto me excita como me inebria;
assim, me levas a atiçar tua fantasia
para, como prêmio, teu êxtase colher.

Minha musa

uem é minha airosa musa?
Uma morena; sem excusa
do meu coração foi intrusa
e nele quedou-se reclusa.

Norte

e eu pudesse, dava-te hoje o norte
apagaria tua melancolia e tua dor
faria minha tua impensável morte.
Não podendo, ofereço-te apenas amor.

Preencha-me

reencha-me de doces beijos
de sôfregos gemidos
de indecentes desejos
e de amores atrevidos.

Tua libido

ua libido nunca foi um mero desejo,
é mais: doce e desafiante imposição,
súplica de um amor sereno e sobejo
que de ti faz a dona do meu coração.

Abrigo

odo amor abriga compaixão,
o teu, tesão e paixão;
toda paixão abriga ardor,
a tua, furor e amor.

Ao despir-te

uando a primeira vez comigo deitaste,
muito deixaste para trás e nada pediste.
Da roupa e do triste passado te despiste
e me fizeste ver que pelo enlevo decidiste.

Esperança

ão me perguntes porque por ti me apaixonei,
somente tenha certeza do amor que te dei,
largo, duradouro, sem medo, sem cobrança.
Concentra-te apenas em dar-lhe esperança.

Vens

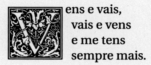ens e vais,
vais e vens
e me tens
sempre mais.

Alvorada

ão troco a Lua da noite de ontem com a amada,
passada no caloroso aconchego do nosso ninho,
pelo Sol do amanhã sozinho.
De resto, tenho fé n'alvorada!

Assim te quero

eu amor não é imortal
nem incondicional,
apenas pleno e sincero
e é assim que te quero.

Tua casa

aze de mim sem demora tua definitiva casa:
que da adversidade o telhado te proteja
enquanto o chão tua felicidade embasa.
No mais, seja o que teu coração enseja.

Infinitos

os nossos sentimentos irrestritos
somente dois evocam infinitos:
o Amor, no tempo, pela cumplicidade,
a Saudade, no espaço, pela disparidade.

A procura

 amor procuro
na simplicidade
e me enclausuro
na cumplicidade.

Promessa

romete nunca chorar por ti ou por mim;
chora porque nosso amor chegou ao fim.
Promete nunca chorar pelo que vivemos;
chora apenas pelo que ao outro não daremos.

O vento

venturosa felicidade vem com a satisfação
a cada teu respiro, beijo, chamego ou gesto,
que o coração logo transmuta em fascinação.
É-me bastante e deixo o vento levar o resto.

O sofrer do poeta

 poeta não sofre pelo fim do amor
tanto quanto – solitário – padece
de não encontrar nas palavras a dor
que expresse seu luto como carece.

A quem ama

onha quem ama;
quem sonha sofre
quem sofre vive
e quem vive ama.

Gaiola

ara curar a dor da saudade
antes é preciso abrir a gaiola,
que do sonho impede a liberdade,
o amor isola e a paz d'alma assola.

Amor irrestrito

a fortuna e no destino não acredito,
por isso, diariamente, o amor refino,
desconstruo, o faço teu e irrestrito,
para ter sempre teu coração como destino.

Amor verdadeiro

 amor verdadeiro é o presente.
Os passados, felizes ou não,
ora inertes, só marcaram o coração
nas saudades, que a alma sente.

Aprecio

precio a malícia do teu olhar,
teu jeito doce de me afagar,
teu modo mulher de te encaixar.
Aprecio teu prazer em me amar.

Concreto

téreo é o sonhar,
a eternidade cobiçar,
a luz do luar aprisionar.
Concreto mesmo é o amar!

Era deserto

ra deserto quando te encontrei
a inspirar-me. Miragem?
Verdade ou não, criei coragem
e foi desde então que te amei.

Paisagem

 amor que ora por ti sinto e nutro,
às vezes parece ardente miragem,
outras, cálida realidade, paisagem
bucólica onde tu'alma me fez outro.

Poesia e amor

ão sei se há poesia no amor,
mas sei que isso não importa;
sei que, longe de ser letra-morta,
dela vem a eternidade do amor.

Semente

amor não tem semente,
nem futuro, nem passado,
apenas presente; é semente
que só germina se há cuidado.

Sons do amor

ons do sublime amor tocam a alma
em notas de prazeres excepcionais,
coligidos como em sinfonias atonais.
Reverberam em nós e trazem a calma.

Sons d'alma

rimitiva é a paixão carnalmente vivida,
esculpida em ébano e marfim.
Erudito é o amor, melodia provida
por sons d'alma no coração, enfim.

Sobre o autor

Francisco Caruso, Casa da Ciência, Rio de Janeiro (2011).

Do autor

rancisco Caruso, físico, professor, bibliófilo e poeta, nasceu no Rio de Janeiro, em 28 de outubro de 1959. Doutorou-se em Física na *Università degli Studi di Torino*, Itália, em 1989. Pesquisador titular do Centro Brasileiro de Pesquisas Físicas (CBPF) e professor associado, aposentado, do Instituto de Física da Universidade do Estado do Rio de Janeiro (UERJ). Além de um expressivo número de artigos científicos e ensaios, nas áreas de física teórica, física de partículas, física quântica, ensino e história da ciência, filosofia e divulgação, publicou, sozinho ou com colaboradores, 47 livros e organizou/editou outros 38.

A primeira edição da obra ***Física Moderna: Origens Clássicas e Fundamentos Quânticos*** (Elsevier, 2006), escrita com Vitor Oguri, foi agraciada com o *Prêmio Jabuti*, em 2007. Com Roberto Moreira, escreveu ***O livro, o espaço e a natureza: ensaio sobre as leituras do mundo, as mutações da cultura e do sujeito***, cuja segunda edição veio à luz pela Livraria da Física em dezembro de 2020.

Foi agraciado, em 1996, com o *Prêmio Jovem Cientista* do CNPq. Membro titular do Pen Clube do Brasil (2008), das Academias Paraense e Roraimense de Ciências (2009), da União Brasileira de Escritores (2010), da Academia Brasileira de Filosofia (2013) e da Sociedade Brasileira de História da Ciência (2013).

Publicou, em 2021, a trilogia de livros de poemas: *Do amor silenciado*, *Do amor perdido* e *Do amor eternizado*; com Cecília Costa e Mirian de Carvalho, a *Pequena antologia amorosa*. Em 2022, vieram à luz *Cinzas de um amor*, *50 pequenos poemas para um grande amor*, *50 poemas para um novo amor* e *Quartetos de amor*, volumes I, II e III, enquanto os volumes IV e V publicaram-se em 2023, todos pela Editora Livraria da Física. Por fim, acabou de organizar, com Mirian de Carvalho, a edição de *Visitações ao fantástico*.